Hermann Dalton

Auerbachs Roman: Auf der Höhe

Hermann Dalton

Auerbachs Roman: Auf der Höhe

ISBN/EAN: 9783744608350

Hergestellt in Europa, USA, Kanada, Australien, Japan

Cover: Foto ©Thomas Meinert / pixelio.de

Weitere Bücher finden Sie auf **www.hansebooks.com**

Auerbach's Roman

„Auf der Höhe."

———

Vortrag

gehalten den 6. Februar 1867

von

Herrmann Dalton.

Zweite Auflage.

St. Petersburg, 1867.
Verlag
der Kaiserlichen Hofbuchhandlung H. Schmitzdorff
(Karl Röttger).

Geehrte Anwesende!

Die Anzeige eines Vortrags über den Auerbach'schen Roman „Auf der Höhe" hat, ich weiß es, Einige befremdet. Ein Roman, auch wenn er noch so großes Aufsehen erregt, scheine doch von dem ernsten, schweren Beruf eines Geistlichen abzuliegen. Wessen Auge nach dem Höchsten schauen, in die Betrachtung der Thaten Gottes versenkt sein soll, an wem das Leben tagtäglich auch in seinen dunklen Nachtseiten vorüber zieht, auf die er, der Sendbote des Friedefürsten, das milde Licht des Evangeliums zu richten hat, für den, so sagt man, sei die leichte Waare der Unterhaltung nicht mehr, den wolle man in höheren, bedeutsameren Werken beschäftigt wissen. Mache er nun gar noch einen solchen Gegenstand zum Inhalt eines Vortrages, so sei dies ein Abschweifen von dem ihm vorgezeichneten Wege, ja ein Heruntersinken unter seine schöne, heilige Aufgabe.

Ich möchte Sie nicht bei der knapp zugemessenen Zeit aufhalten, das Recht des evangelischen Geistlichen zu begründen, sich auch mit diesen Erscheinungen, diesen Zeichen der Zeit ernstlich zu beschäftigen, auch für sie

1*

vordringen und er thut es im schönen Vollbewußtsein: **ich bin ein Christ, drum darf mir nichts Menschliches fremd bleiben.**

Dieser großen Aufgabe: wie hat ihr der große Hei=
denapostel nachgestrebt, ob er sie auch erreichen möchte;
Welch' ein Vorbild hat er gegeben in dem kühnen Hel=
denwort: **den Juden bin ich worden als ein Jude,
den Heiden als ein Heide … auf daß ich nur
ja Etliche könnte selig machen.** — Und welche
Siege hat dieses Wort errungen, welche Früchte solch'
ein Geist gezeitigt! Riesengroß dehnt sich da das Arbeits=
gebiet aus, aber es ist auch köstliche Arbeit, und wenn
auch mit erhöhten Anforderungen der Ernst unserer
Tage an den evangelischen Geistlichen herantritt, so darf
er sich diesen Anforderungen nicht mehr entziehen und
muß an seinem Theil ihnen zu entsprechen versuchen.
Hier ein solcher Versuch, zugleich mit dem Geständnisse,
daß mich dabei ein Gefühl überkommt wie den Apostel,
als er nach Corinth kam. Ich begebe mich auf ein Ge=
biet, das so manche Aehnlichkeit mit der dort herrschen=
den Richtung hat und so beschleicht mich auch etwas
von der Schwachheit und Furcht, von der Paulus spricht,
als er eine Gegend betreten, die ein ausschließliches
Anrecht auf Geistreichigkeit zu haben meinte und für
tonangebend unter den Gebildeten der Zeit galt.

Wer nun diese Verpflichtung in den Umkreis der

Berufsarbeiten eines evangelischen Geistlichen aufge=
nommen weiß, der weiß auch, daß er um seiner Gemeinde
willen kein Recht mehr hat, sich grundsätzlich gegen die
Roman=Literatur abzuschließen, sie ihre eigenen Wege
gehen zu lassen, um die er sich nicht weiter zu kümmern
habe. In unsern Tagen herrscht der Roman auf dem
Gebiete der Dichtkunst. Er ist entschieden hier in den
Vordergrund geistigen Schaffens getreten. Ob ihm eine
solche Stellung zukommt, darüber zu rechten würde uns
zu weit führen und wir wollen auch die Größe des
Schadens nicht zu berechnen versuchen, den die Litera=
tur unter solch' einer Herrschaft immer zu erleiden hat.
Hier kommt es uns nur darauf an, die Thatsache anzu=
erkennen. Vom Roman urtheilt einer ihrer Meister,
daß es die am leichtesten zu handhabende dichterische
Form sei. Er meint, jeder nur einigermaßen Gebildete
müsse im Stande sein, einen leidlich lesbaren zu liefern.
Die Behauptung hat wie das Wort des Zauberlehr=
lings gewirkt. Der „alte Besen" läuft und bringt be=
hende seinen vollen Kübel herbei und über jede Schwelle
sehn wir Wasserströme laufen. Von allen Seiten tragen
die aufgerufenen „einigermaßen Gebildeten" die Fluth
herbei, immer drohender schwillt die Ueberschwemmung
an; noch ist der Meister nicht erschienen, den eilfertigen
Besen sein „seids gewesen" zuzurufen und immer noch
geht die Verwüstung weiter.

Von dieser Verheerung sprechen wir nicht. Ist das Modegewand dichterischen Schaffens einer Zeit der Roman, dann wird sich auch der ächte Künstler, dem die Weihe der Poesie geworden, der herrschenden Form anbequemen müssen, in diesem Zuschnitt seine dichterischen Gestalten im Leben auftreten zu lassen. In solcher Münze muß dann der Dichter seinen Tribut an die Zeit zahlen. Und er thut es auch. Wir sehen gegenwärtig unsere bedeutendsten Meister in dieser Form arbeiten und wenn auch Hang und Neigung sie nach anderer Richtung hinzieht, wenn sie auch auf anderem Gebiete ihre größere Befähigung an den Tag gelegt: hier fast nur erndten sie die Lorbeeren ihres Ruhmes, hier fast nur den Lohn ihres Schaffens.

Es sind nicht geringe Leistungen, die durch die Werke hervorragender Meister auf diesem Gebiete in den letzten Jahren dem deutschen Volke geboten wurden. Einen sehr bedeutenden Rang unter denselben nimmt unbedingt der Roman ein, den in einzelnen Punkten zu beleuchten wir uns diesen Abend vorgenommen. Selbst auf den Namen eines Kunstwerkes kann er Anspruch erheben. Zunächst in der Form, in der er sich der stylvollendeten Arbeit Freytag's, seiner „verlorenen Handschrift", würdig zur Seite stellt. Nicht eilig hingeworfen, nicht nachlässig im Ausdruck reiht sich Satz an Satz, auf die Flüchtigkeit des Lesers bauend, der sich nur vom

interessanten Stoff will fesseln lassen und dafür die Form
Preis giebt. Mit ungemeiner Sorgfalt der Sprache, in
großer Reinlichkeit des Satzbaues ist durchweg das Buch
geschrieben. Es bietet uns einen vollen Wiederhall un=
serer schönen deutschen Muttersprache *), wohl nicht nach
dem·ganzen Reichthum ihres Lebens, aber doch soweit
sie im gebildeten Conversationsstyl zum Vorschein kom=
men kann. Ein immer seltner werdender Genuß wird
uns dadurch geboten, daß ein eingehendes, aufmerk=
sames Betrachten der Details reiche Belohnung bietet.
An so mancher Stelle erkennt man die Hand eines Dich=
ters, der sich selbst bei der Wahl und Reihenfolge der
einzelnen Worte von dem tiefen Rhythmus und Wohl=
laut unserer Sprache leiten läßt, als ob eine schöne
Musik den Inhalt begleite, so tönt durch das Buch
die klangvolle Melodie unserer Sprache.

Diesen erquickenden Wohllaut der Sprache auch in
die Schilderung überzuleiten, ist dem Künstler an nicht

*) Auerbach läßt in dem Buche Irma das schöne Wort
von unserer deutschen Muttersprache sagen: „welch' ein
Segen ist es, daß ich den ganzen Reichthum meiner
Muttersprache mühelos mit mir trage, und wenn es
sprudelt aus allen Orten und Enden des Denkens ich
immer ein Wortgefäß habe, um es unterzustellen und
den Gedanken aufzufassen. Ich meine, ich muß immer
sprechen und schreiben und jubeln über diesen Besitz und
könnte gar nicht enden."

wenigen Stellen in zum Theil wunderbarer Schönheit
und Formvollendung gelungen. Wir sehen den Dichter
Stellen der Natur schildern mit einer Wahrheit, als ob
der frische Waldesduft unmittelbar uns berühre, als ob
wir, von einem süßen Traum eingewiegt, nicht mehr an
der eisumstarrten Newa uns befänden, sondern mitten
drinnen in den schönen Tyroler Bergen und wir sehen,
wie des Morgens in der Frühe der Nebel dampfend auf-
steigt vom Alpensee und theils als zarte Wolke hinüber-
schwebt über die Bergesspitzen, theils sich hineinzwängen
läßt in der Wälder dunkles Laub, sich in langen Strei-
fen hinzieht über der Wiesen saftiges Grün. Lebenswarm
tritt uns die Natur entgegen in ihrem eigenthümlichen
Leben und Weben, Schaffen und Bewegen, anders oben
auf dem Berge und anders unten im Thale, anders am
künstlichen Teiche, anders am weiten großen See.

Dieselbe Meisterhand tritt uns in der Zeichnung einzelner Gestalten wieder entgegen. Was Auerbach bei
jenem Gespräche im Kreise der Großfürstin Helene in
Stachelberg im Glarnerland mit dem Ausdruck „Göthe-
reif" bezeichnete, jene Entwicklungsstufe, auf welcher die
Erscheinungen des Natur- und Geisteslebens rein auf-
genommen und durchklärt werden, dafür bietet er uns
in seiner Erzählung bezeichnende Belege. Schon vor 25
Jahren hat der Dichter ja grade durch die festen, kecken
Striche, durch die tiefempfundenen, warmen Töne, mit

denen er Land und Leute der Heimath schilderte, sich
rasch Liebe und Anerkennung des Volkes erworben; mit
Freude und Behagen sah man die Gestalten, wie sie
leibten und lebten; der conventionelle Zwang war wie
ein böser Alp gewichen, es war wie ein Aufathmen in
frischer Landluft. In den Jahren freilich ist der Dar-
steller des Volkslebens mehr und mehr im Salon heimisch geworden, und so sehr er sich auch dagegen ver-
wahrt, so spürt man doch den Duft der Geistreichigkeit
heraus, den Feld und Wald und Wiese nicht ausathmen.
Schon seine damaligen Gestalten waren nicht so Fleisch
und Blut aus dem Volke heraus, wie sie uns unüber-
troffen Fritz Reuter gezeichnet, aber immer mehr und
mehr sind die einzelnen Personen von dem Odem der
Cultur angeweht; das Wort des Dichters zum leisen
Tadel anwendend: die Durchklärung der besondren Erscheinung des Geisteslebens hat die Oberhand gewonnen
über ihre reine Aufnahme. Fühlt sich so den einzelnen
Schilderungen auch des Landlebens etwas ab, das an
Residenz und Salon erinnert, wie wenn ein Städter des
Sonntags einmal hinaus auf's Land geht und mit demselben Glase, mit dem er des Abends die Schauspieler
auf der Bühne betrachtet, nun sich eine Stunde auch diese
Volksbühne anschaut und seine Bemerkungen über die
einzelnen auftretenden Personen macht, so bleibe
doch immer nicht wenig köstliche Züge über, bei denen

aſſt genial der Dichter mit feinstem Ohr das Volksleben belauſcht. Solcher gelungener Meiſterſtriche ſehen wir einige an Walpurga und ihrem Hanſei, an der Mutter der Amme und ſo manchem Andern, der mitten heraus= gegriffen iſt aus dem friſchen, eigengearteten Volke. Nicht die Form allein, noch auch die Zeichnung der verſchiedenen Erſcheinungen des Natur= und Geiſtes= lebens iſt es, das bei der Beurtheilung eines Dichter= werkes den Ausſchlag gibt; auch das Thema, der Grundgedanke der Erzählung iſt es, der in die Wag= ſchaale fällt. Je gewichtiger und gehaltvoller dieſer, eine deſto höhere Stufe iſt der Roman berechtigt einzuneh= men. Mit einigem Stolze dürfen wir da geſtehen, daß ſeit ein Paar Jahren es mir vorkommen will, als ob der Deutſche den Engländer überholt, der ſeit Walter Scott und noch früher faſt immer den Preis davon ge= tragen. Wenigſtens was in der letzten Zeit als das Ge= prieſenſte mir von dort freilich mehr zufällig in die Hand fiel, war der Senſationsroman, der wohl die nie= derſte Stufe auf dieſem Gebiet der Dichtung einnimmt. Höher haben die hervorragenden Meiſter unter den Deutſchen angefangen ſich die Aufgabe zu ſtellen. Nicht Wenige von ihnen haben ſich an die tiefeingreifendſten Lebensfragen gewagt und verſucht zu ihrer Löſung ihr Scherflein auf dieſe Weiſe beizutragen. Es iſt ſchon ein Verſuch, das ernſte Bemühen, das Leben der Gegenwart

in seinen mancherlei Strömungen mit dem Spiegel der
Dichtkunst aufzufangen und dem Zeitgenossen zu zeigen,
wie es das Seherauge des wahren Dichters geschaut.
Einen Schritt weiter auf diesem Wege hat der gethan,
der nicht nur der Zeit ihre innersten Lebensäußerungen
ablauschen und, wenn es ihm gelingt, in seiner Dichtung
einen culturhistorischen Beitrag der Gegenwart nieder=
legen will, sondern der sich anschickt, durch sein Werk in
die Entwicklung der Zeit mit einzugreifen und seine
Stimme abzugeben da, wo die Größten des Volkes auf=
gerufen werden, an des Vaterlandes Größe, an der
Menschheit Heil mitzuarbeiten. In ihrer Weise wird
dann die Erzählung eine Predigt, die in des Meisters
Hand tief eingreifend und bedeutsam wirken kann. Ich
erinnere an das Wort, das Gustav Freytag seinem
„Soll und Haben" vorausgeschickt. Die gleiche Bahn
hat Auerbach in unsrem Roman betreten und um deß=
willen wollten wir einen Blick auf denselben werfen.

„Auf der Höhe" hat der Dichter seinen Roman mit
einem zwar etwas ungeschickten, aber bedeutsamen,
doppelsinnigen Namen genannt. Nicht daher allein der
Name, weil uns die Erzählung im Fortgang der Ent=
wicklung auf die Höhe des Berges führt und dort auch
ihren Höhepunkt und Abschluß findet, auch der andre
Gedanke steht bei dem Namen Pathe, daß die Erzäh=
lung auf der Höhe unsrer Zeit sich bewegen, von den

Höhepunkten menschlicher Lebensfragen eine festhalten
will, deren Beantwortung der Roman versucht. Das ist
die ernste, hohe Aufgabe, die der Künstler sich gestellt
und durch die das Werk die Bedeutung erhält, die ihm
eingeräumt werden muß. Das Auge eines Dichters muß
etwas Seherhaftes an sich haben. Tiefsinnigen Blickes
heftet sich dasselbe auf die bunte Welt der Erscheinung,
sieht das Gewühl und Getreibe der Gegenwart, ihr
Rennen und Laufen, ihr Drängen und Stoßen mit all'
dem krausen Lärm, den die jagenden Ereignisse, der
rasche Wechsel des Augenblicks erzeugt. Aber das darf
ihn nicht verwirren, nicht betäuben.

Festen, sichern Blickes schaut der Dichter tiefer dort-
hin an die geheimnißvolle Stätte, wo die Gedanken
ihren Sitz aufgeschlagen, die das Ganze zusammen-
halten. Da sieht er den rothen Einschlagfaden, der alle
Maschen des Gewebes hält und wenn er ihn gefunden,
dann taucht er mit ihm in der Dichtkunst schöner Gestalt
wieder empor und enthüllt einer Zeit tiefstes Sinnen.

Und was ist denn nun der Grundgedanke, um den
sich die Erzählung wie um ihren Mittelpunkt bewegt?
Was hat das Dichterauge in der Tiefe geschaut, was
offenbart er als auch dieser Zeit Herzpunkt, von dem
aus das Blut sich dem ganzen Organismus mittheilt?
Es ist das uralte Herz des Menschengeschlechtes. Von
einem Gedanken dürfen wir sagen, er steht zu den Men-

schen aller Zeiten, aller Länder in einem ähnlichen Ver=
hältniß wie die Mutter zu ihrem Kinde. Es bleibt eine
unausfüllbare Lücke, wenn das Kind nicht bei seiner
Mutter ist, ein unzerstörbares Heimweh, ein tiefes, sehn=
süchtiges Rufen nach ihr. Wie der Ruf des suchenden
Kindes sich fortpflanzt im Walde und neckische Antwort
das Echo zu geben scheint, so tönt uns im weiten Wald
der Völkergeschichte überall der Ruf entgegen, anders
unter den Palmen Indiens, anders in den dunklen
Wäldern Amerikas, nur gleich in dem sehnsüchtigen
Verlangen, ob denn gefunden werde, was da tröstet,
wie Einen seine Mutter tröstet. Auch in unsrer Zeit,
trotz all' ihres Materialismus, trotz all' ihres schein=
baren Sichzufriedengebens in den Genüssen der äußeren
sichtbaren Welt hat der Dichter den leise erklungenen
Ruf vernommen und hält ihn liebend fest; es ist der
Ruf nach Erlösung. Lassen Sie uns prüfen, geehrte
Anwesende, ob der Ton, den der Dichter angeschlagen,
nur das weithindringende, zurückschallende Echo des ru=
fenden Kindes ist, oder die Mutterstimme, die auftritt
und tröstende Antwort gibt.

Wo wir dem Begriffe der Erlösung uns nähern, be=
treten wir geweihten Boden, ein Land, wie kein andres,
an dessen Grenze und Schwelle das Wort an uns
bringt: tritt nicht herzu, ziehe deine Schuh'
aus von deinen Füßen, denn der Ort, da du

aufstehest, ist ein heiliges Land. In der Mitte
dieses heiligen Haines stehet das Kreuz als Friedens=
und Freiheitsbaum der erlöseten Welt. Von dort, aus
dem Munde des Sohnes Gottes, geht das Wort süß=
seligen Muttertrostes aus: „es ist vollbracht" und
dornengekrönt senkt sich das Haupt nieder, das heilige
Auge bricht, aber dann auch öffnet sich am Fuß des
Kreuzes eine Quelle, die ist seitdem nicht mehr versiegt
und kann es nimmer mehr und ihr Wasser strömt hinab
in alle Lande und wer davon trinkt, dem stillt es den
Durst des rufenden Kindes ewiglich. Mit dieser That,
die seit zwei Jahrtausenden nun schon und für Millio=
nen Lebensquelle geworden, hat der Begriff der Erlö=
sung ein bestimmtes Gepräge erhalten, das Jeder prüfen
muß, und es nahe sich Keiner dem heiligen Haine, der
nicht schuldige Ehrfurcht wenigstens jener That zu zollen
im Stande ist. Aber Auerbach weiß davon nichts. Er
eilt in den Hain hinein und redet und spricht, als ob
kein Kreuz Kunde von der höchsten Liebesthat des Soh=
nes Gottes brächte; unbekümmert um das Herrlichste in
der Weltgeschichte, wie wenn es nicht vorhanden wäre,
wendet er Christo den Rücken, als ob seine That auf der
Höhe unsrer Zeit nicht mehr die Mühe lohne, davon zu
reden und hält seine Stimme für das Mutterwort, von
der das Kind seine Seligkeit, die Erlösung, erwartet.

Und wie löst denn nun der Jünger Spinoza's die

größte, schwierigste Lebensfrage? Was hat er zu
bieten, wenn ihm die That nicht genügt, über der
das Wort aufflammt: also hat Gott die Welt
geliebet, daß er seinen eingebornen Sohn
für sie dahin gab? Von der reichen Erzählung
sei in kurzen Worten nur soviel erwähnt als nöthig ist,
das Verständniß des Folgenden für die zu vermitteln,
denen der Inhalt des Buches nicht mehr gegenwärtig
sein dürfte.

Der Dichter führt uns an einen der kleinen Höfe, von
denen das verflossene Jahr mit seinem gewaltigen Ernst
einige wieder von der Weltbühne hat verschwinden las=
sen. Ueber der Schilderung des Lebens an diesem Hofe
schwebt eine leise Ironie, etwas von dem eigenthüm=
lichen Geist, den man in der Berliner Luft einathmet,
ein feiner Spott über eine Atmosphäre, in der man sich
doch heimisch fühlt, ein Haschen nach Geistreichigkeit,
über die witzeln zu können, man sich freut, geistreich ge=
nug zu sein. Die ganze Maschinerie eines solchen Duo=
dezländchens, als ob es gälte, ein weites Reich zu be=
herrschen, wird stellenweise meisterhaft beschrieben. Der
König tritt uns als eine heroische Natur entgegen, der
das Bestreben hat, sein Land glücklich, seinen Namen
geschichtlich zu machen. Alles Kleine, Selbstquälerische,
Empfindsame haßt er: aus dieser Seite seines Wesens
steigt eine leise Abneigung gegen seine Gemahlin auf.

Ihr frommes, weibliches Gemüth, das mit vollster, inniger Liebe an dem Manne hängt, zeigt manchen Zug, der dem Manne als selbstquälerisch erscheint; die Königin ist vorherrschend weich, mit einem leisen Anflug unklaren, sentimentalen Wesens, und grade der König bedurfte bei seinem Charakter, daß, wonach er nur erst strebte, er in dem Weibe seiner Wahl in ruhigem, klaren Besitz angetroffen hätte. So schleicht sich anfäng= lich mehr unbewußt, eine Spannung ein, die in dem= selben Grade sich steigert — und dies ist mit großer psychologischer Wahrheit und Feinheit geschildert, — als der König in einem der Hoffräulein grade die Eigenschaften entdeckt, die seiner Persönlichkeit, seinen Bestrebungen einen wohlklingenden Resonanzboden zu bieten scheinen.

Irma, mit besondrer Vorliebe von dem Dichter ge= zeichnet, ist die Tochter eines Edelmannes, der von dem Hofleben und der Welt sich zurückgezogen und wie ein Philosoph einsam seine Tage auf seinem Gute dahin= bringt, in Shakespeare und Spinoza namentlich sich die Idealwelt aufbauend, in der er heimisch wird, je mehr er sich dieser Welt entfremdet. Im dritten Jahre verliert Irma ihre ausgezeichnete Mutter. Der tiefge= beugte Vater will seinen beiden Kindern keine Stief= mutter geben und klagt sich später an, an ihnen zum Stiefvater geworden zu sein. Den Sohn läßt er zu

Hause erziehen, die Tochter bringt er zuerst bei einer
Tante unter, dann im Kloster. Es entwickelt sich in dem
Mädchen eine groß angelegte Natur. Zum Bewußtsein
und zur Reife des Denkens gelangt, sieht Irma, wie sich
viele wilde Gesellen in ihrem Herzen herumtreiben:
Abenteurer, Glücksritter und auch eine Nonne. Sie kennt
diese Leute; wie ein Spion hat sie sie belauscht. Das
Schauspiel interessirt sie und sie ist gespannt, wie diese
gemischte Gesellschaft mit einander fertig wird. Aber
dies Zusehen füllt nicht ihr Seelenleben aus. Ein tiefes
Heimweh ruht in ihr; sie erkennt den Grund davon an,
daß es das Andenken an ihre Mutter sei, die ihr fehlt.

So kommt Irma, zur schönen Jungfrau herange=
wachsen, an den Hof. Sie muß da auffallen. Ihr gan=
zes Wesen war zu neu, zu eigenartig. Man hält sie für
unendlich naiv, nur weil sie auch am Hofe den Muth
hat selbst zu denken, weil sie fühlt, nicht mit der Brille
und dem Schnürleib der Tradition geboren zu sein. Sie
überragt weit die Gliederpuppen, die sich gelenk nach
dem Stabe des Ceremonienmeisters bewegen; sie weiß sich
frei und durchschaut mit offnem, klarem Blick das Schaale,
Nichtige in dem Treiben ihrer Umgebung. Goldene
Sprüche hebt sie aus der Tiefe zu Tage; wie meisterhaft
sind einzelne Auslassungen, wie schneidend und wahr
z. B., was sie über das Amüsiren und den Amüsirvogel,
genannt Mensch, ihrer Freundin in's Kloster schreibt.

Auf Niemanden mußte ein solch' weibliches Wesen einen mächtigeren, nachhaltigeren Eindruck machen, als auf den König. Was er erstrebte, sah er hier im ruhigen, ungetrübten Besitz einer eigenartigen Natur; hier fand er das Echo, das ihm die vermißte Antwort auf so manche Frage gab. Es traten ihm in ihr Züge entgegen, die, jemehr er sie entdeckte, um so deutlicher sich ihm als die erwiesen, die er, ohne sich deß ganz klar gewesen zu sein, bei der Königin schmerzlich vermißte. Je länger, je mehr wurde ihm Irma's Umgang ein Bedürfniß. Sollte er einen Vergleich ziehen, so würde auf der Wage ihre Schaale auf Kosten der der Königin gesunken sein.

Der gefährliche Augenblick dafür nahte. Als die Königin dem Erben des Thrones das Leben gegeben, in der einsamen Zurückgezogenheit der ersten Tage und in dem frommen, beseligenden Muttergefühl reifte ein Entschluß, den sie lange gehegt: es soll zwischen Vater und Mutter und dem Kinde keine verschiedne Confession den Schatten einer Trennung werfen und sie ist bereit, das Opfer zu vollziehen. Es kostete sie der Entschluß wohl einen Kampf; aber auch schon die Kunde des Vorhabens ärgerte den König. Das schien ihm wie eine Frucht der Selbstquälerei, die er haßte und was würde die Welt zu einem solchen Schritte sagen, die Welt, in der er doch seinen Namen geschichtlich machen wollte! Es legte sich eine Wolke zwischen Mann und

Weib, die den König innerlich von der Königin schied. In dieser Zeit, während ihre Krankheit die Königin nöthigte, das Zimmer zu hüten, trat der König dem Hoffräulein näher. Schon geht ein dumpfes Gerücht durch die Hofkreise, und was man sich da vorsichtig noch zuflüstert, dem folgt auch bald die bestätigende That.

Der Wendepunkt unsrer Erzählung ist eingetreten. Die Kunde von dem Leben der Tochter ist auch in die einsame Burg gedrungen und hat da das Vaterherz des alten Eberhard gebrochen. Irma sieht den Vater ster= ben; die gelähmte Zunge kann sich der Tochter nicht mehr verständlich machen; mit dem Finger, als ob es ein Feuergriffel wäre, hat er der Tochter noch das kurze Wort, zu dem sie ihre That gestempelt, auf die Stirne gebrannt und dann war er gestorben ohne ein Zeichen der Verzeihung für sein unglückseliges Kind. Zwiefach gebrandmarkt überkommt Irma ein Schmerz, wie Wahn= sinnsrausch. Sie bricht auf von der Stätte der Lebenden; wie ein verwundetes, aufgescheuchtes Reh flieht sie hin= ein in den dunklen Wald, in die einsamen Berge, an den lautlosen tiefen See, den mitleidigen Tod aufzu= suchen, der ihr die furchtbare Inschrift von der brennen= den Stirn löschen soll. Aber der Tod meidet sie. So be= schließt sie denn das Verbrechen frei zu sühnen und in ihrer Sühne die weihende Hand zu finden, die das Kains= zeichen wegwischen werde. Mit Walpurga, der gewese=

nen Nährmutter des Kronprinzen, die sie am Hofe lieb
gewonnen und deren fromme, treuherzige Warnung sie
damals nicht beachtet, zieht sie hinauf in den Freihof
auf der Höhe. Niemand darf dort wissen, wer sie ist;
wie eine am Geist Gestörte erscheint sie den Bauern;
ihr ruhig, mildes Wesen flößt Liebe und auch Mitleid
ein. Das Hoffräulein ist todt, die Welt hat ihr unten
am See den Leichenstein gesetzt, an der Stelle, an der
man glaubt, daß sie in's Wasser gesprungen. Einen
andren Tod hat Irma sich ausgewählt. Lange Monden
bringt das einsame Weltkind dort oben auf den Bergen zu; endlich löste die Hülle sich auf; ihre Seele hat
sie in ihre Tagebuchblätter gehaucht. So ist sie gestorben, wie eine Pflanze ausgetrocknet, die man in's Her-
barium eingelegt, ehe sie verblüht.

Für unsere besondere Aufgabe des heutigen Abends,
die wir uns in der engeren Grenze abgesteckt, zu zeigen,
wie Auerbach den Begriff der Erlösung im Unterschied
des christlichen Glaubens entwickelt, mag dieser kurze
Ueberblick der Erzählung genügen.

Ueberall wird die Ansicht über die Erlösung wesentlich
beeinflußt von der Auffassung der Sünde. Je tiefer, ernster
und wahrer das Wesen der Sünde erfaßt wird, um desto
tiefer, ernster und wahrer wird auch die Erlösung gedacht
werden. Dies hat auch Auerbach erkannt; der Wechselbe-
ziehung beider Begriffe ist er sich an mehreren Stellen

wohl bewußt, er ringt darnach, sie in ihrem inneren Zu=
sammenhang zu erfassen und das ist das Interessante,
zu sehen, wie der begeisterte Jünger Spinoza's beiden
Begriffen von seinem Standpunkt aus gerecht zu wer=
den versucht. Drei Gestalten aus der reichen, bunten
Fülle auftretender Persönlichkeiten sind es vorzugsweise,
die in dieser Beziehung unser Auge fesseln; in Eberhard,
in dem Leibarzt Günther und in Irma treten uns ver=
schiedene Schattirungen der Grundansicht des Dichters
entgegen, die sich gegenseitig ergänzen und uns ein Ge=
sammtbild der Auffassung in schöner, dichterischer Form
bieten.

Zunächst Eberhard, Irmas Vater. Das Leben am
Hofe und in der Welt mit seinem getünchten Wesen hat
ihn angeekelt. Ehe der Haß oder die Verachtung sich in
seinem Innern festsetzen durften, hat er sich lieber zu=
rückgezogen und ist mitten unter den Leuten zum Ein=
siedler geworden. Einsam für sich hat er Jahre lang auf
seinem Gute gelebt, nur der ewige Geist eines Shakes=
peare und Spinoza waren die auserwählten Gäste, die
ihn besuchen durften. Mit ihnen, in ihnen lebte er ein
neues Leben des Geistes, in ihrem Umgang reifte eine
Weltanschauung, die er auf wenigen Blättern niederge=
legt zu dem Zwecke, den der Titel angiebt, „für den
Tag und die Stunde, da sich mein Denken ver=
dunkeln will, sei mir dies zur Erleuchtung."

Dieser Tag kommt in unerwarteter und furchtbarer
Veranlassung. Eben hat sich nach Jahren der Zurück=
gezogenheit Eberhard aufgerafft, eine Wahl in die Land=
stände anzunehmen, weil die Regierung in ihrer Politik
eine Wendung gemacht, die er für verderblich hält. Da
meldet ihm auf dem Wege zum Wahlort ein anonymer
Brief, daß seine Tochter in Unehre gefallen, „eine Rose
geknickt, ehe der Sturm sie entblättert." Die Nachricht
wirkt wie ein Schlag auf ihn; sprachlos bringt man den
Unglücklichen ins Schloß zurück und hier finden ihn seine
beiden Kinder, die mit dem Leibarzt, dem alten Jugend=
freund des Vaters, aus der Residenz herbeigeeilt waren,
auf dem Sterbebett. Günther, der Arzt, erfüllt den
Wunsch des Freundes und liest dem Sterbenden die
Gedenkblätter vor, die zur Erleuchtung dienen sollen,
wenn seine Seele in dunkle Nacht auslöscht. Hören wir
einzelnen Gedanken zu, wie sie die Blätter mittheilen:
„Indem mein Geist das Ganze zu erfassen strebte, habe
ich erkannt, was es heißt, der Menschengeist ist ein Theil
des Gottesgeistes. Aus dem ewig bewegten Meer taucht
ein Tropfen auf, ist eine Sekunde — man nennt sie 70
Jahre — sonnenhaft leuchtend und durchleuchtet, dann
taucht der Tropfen wieder unter. Der einzelne Mensch
als solcher, wie er geboren und gebildet wird, ist gleich=
sam ein Gedanke, der auf die Schwelle des Bewußt=
seins Gottes tritt; stirbt er, so taucht er wieder unter

die Schwelle des Bewußtseins. Er geht aber nicht zu
Grunde, er bleibt in Ewigkeit, wie jeder Gedanke in
seiner Nachwirkung bleibt."

So geht es durch mehrere Blätter hindurch, der alte
Sirenengesang des Pantheismus in den Zauber glänzender Worte gehüllt; aber keines der Worte giebt dem
Durstenden Wasser. Eine neckische Fata Morgana, die
sich auflöst, wenn der Wanderer sich nähert und er sieht
sich in der Wüste doch wieder mutterseelenallein. Oder
wo ist denn die Sonne, die den Menschen durchleuchten
soll, wenn er aus dem ewig bewegten Meere wie ein
Wassertropfen für die Lebens=Secunde auftaucht?
Draußen auf dem Meere, da sehe ich die Sonne wohl,
wie sie fernab am weiten blauen Firmament ihre ewige
Bahn zieht und ihre hellen Strahlen spiegeln läßt im
rauschenden Meere. Auch drinnen auf der ewig bewegten Meeresfluth des Menschengeistes, da sehe ich die Lie-
besstrahlen der Sonne und Lichtquelle Gottes sich abspiegeln, die herabkommen aus der Höhe und dem Hei-
ligthum, da Gott wohnet und die eine Stätte des Woh-
nens suchen in den geängsteten und zerschlagenen Herzen der Menschenkinder. Der heilige Strahl aus der
Höhe ist herabgekommen vom fernen Himmelszelt und
ruhet auf der Meeresfläche der erlöseten Welt und macht
sie licht, daß sie auch den Himmel abspiegeln kann.
Aber das schöne tiefselige Bild ist ein Diebstahl in der

Hand dessen, der außer der Welt nichts weiß, dem es
eine Thorheit ist, von einem Gegenüber Gottes und der
Welt zu sprechen, der auftauchend aus der Tiefe des
Oceans, All genannt, außer demselben nichts siehet,
nichts sehen kann, dem Alles, Alles Meerestropfen nur
ist und Gott nur die Zusammenfassung der unendlichen
Tropfen, das ewig dunkle, ewig ruhelose Meer. Gott in
der Tiefe, Gott auf der Oberfläche, wenn drunten, dann
unerlöst, so lange im ewigen Auf- und Niedertauchen
oben, dann erlöster Gott, aber in lichtlose Nacht einge-
hüllt. Es fließt da alles ineinander, ist eins, und in dem
Fieberrausch dieser Gedanken läßt der Dichter das Blatt
schließen mit dem Worte: frei über alle Verzerrung und
Selbstverwüstung hinüber rauscht der ewige Geist! Wohin hinüber? Wo ist der Ort? Hatte doch wenige Zeilen
früher der Dichter den Tropfen so viel folgerichtiger
untertauchen lassen auf den dunklen Meeresgrund! Was
soll das Spielen mit den Worten Angesichts des tiefsten
Ernstes und wo es gilt, Rechenschaft abzulegen vom
Tode und was dem folgt?

Es liegt etwas Tragisches in der Gestalt des Eberhard. Sein Geist hat sich in diesen Trugbildern einge-
sponnen, aber sein Gewissen ist nicht erstickt. Erschüt-
ternd ist die Stelle, wo es sich wie ein Rachegeist erhebt,
und mit heiligem Ernst seine unerbittliche Hand auf
das Herz des armen, gequälten Vaters legt und seine

ewigen Rechte geltend macht. Das ist eine der Glanz=
stellen des Buches, wo der Edelmann, geknickt und ge=
brochen über die furchtbare Nachricht, an seiner Biblio=
thek vorüberschleicht: „Da brin sind so viele starke und
große Geister, — warum kommen sie jetzt nicht zu hel=
fen? Es gibt keine andre Hülfe als nur uns selbst.“
Und die bricht sich Bahn in der Anklage empörten Ge=
wissens, wenn er dann im Selbstgespräch, aber in Be=
zug auf Irma, fortfährt: „die Welt ist ein Paradies
und du bist daraus verjagt und irrst umher unstät und
flüchtig, du kannst dich betäuben, kannst lächeln, scherzen
und heucheln — aber die Sonne heuchelt nicht, die Erde
heuchelt nicht und tief innen dein Gewissen heuchelt nicht.
Du hast die Welt getödtet, dich getödtet und lebst —
todt in einer todten Welt. Wie ist es nur möglich! Es
ist nicht! Ich bin wahnsinnig. Ich will dich nicht stra=
fen, nicht züchtigen, du sollst nur wissen, wer du bist.
Deine Erkenntniß sei deine Strafe.“ Ein eigenthümlich
unbegreiflich Widerspiel ist es, daß das Gewissen der
Tochter im Bewußtsein des Vaters gleichsam aufleuchtet
und das Vatergewissen bei der Tochter durchschlägt.
Irma äußert so treffend über die Schuld des Vaters:
„Der Vater lebte für sich in seinen Studien und Arbei=
ten und ließ uns gewähren; er war stolz darauf und
sagte es oft, daß er uns ganz als freie Naturen aus uns
heraus wachsen lassen wollte, keine Autorität üben. Hier

liegt dein Vergehen. Du haſt deine väterliche Majeſtät abgelegt und wollteſt von freier Liebe leben — und wir? Der Bruder wollte es nicht verſtehen und ich konnte es nicht. Und ſo warſt du einſam und wir elend."

In anderer Färbung tritt uns die Grundanſicht des Dichters in der mit viel Sorgfalt und Wärme gezeich= neten Geſtalt des Leibarztes Günther entgegen. Seine von Haus aus große Natur ſchildert Auerbach als größer noch durch die Cultur. Er iſt in jedem Moment auf der Höhe ſeiner ſelbſt, nie zerfahren, verloren; er iſt immer ebenmäßig, nie excentriſch und liebt das Geiſt= reiche nicht, weil er weiſe iſt. Irma nennt ihn einmal bezeichnend einen Fanatiker des Unglaubens, dem des= halb der ſchöne Schmuck des Lebens, der Gemüths= ſchwung, fremd ſei. Dieſer Weiſe glaubt die Quelle im Paradies zu kennen, wo ſie noch eins iſt. Erſt draußen außerhalb des Paradieſes, jenſeits der Stelle, wo der Doctor ſteht, theilt ſie ſich in die Ströme, von denen ſein Freund Eberhard geſagt, daß ſie die Predigtmühlen treiben. So ſteht uns denn bei dem Doctor der ſeltene Genuß bevor, das Rauſchen einer Predigtmühle zu hö= ren, die ihr Waſſer an der Quelle ſelbſt noch im Para= dies erhält. Der Gang der Erzählung bietet uns denn auch bald dazu Gelegenheit; laſſen Sie uns, geehrte Anweſende, etwas zuhören.

Auf Niemanden konnte die Kunde von der ſündhaf=

ten That Irma's einen so niederschmetternden Eindruck
machen, als auf die Königin, der sie völlig unerwartet
kam. Ihr war durch Irma, an der sie liebend gehan=
gen, Alles vernichtet. Liebe, Freundschaft, Glaube,
Treue, die weite Natur, wie sie dem Auge sichtbar und
dem Ohre hörbar, die Kunst des Bildes, des Klanges,
des Wortes — Alles war ihr verwüstet, denn Alles
hatte Irma besessen, erhöht. besprochen, und es war nun
Lüge und Fratze geworden. Der Gedanke an Selbst=
mord zuckte durch ihre Seele, sie schien eine Beute des
Wahnsinnes werden zu wollen, dessen nahende dumpfe
Tritte einzelne Worte schon verrathen. Auch für dieses
Seelenleiden soll der Leibarzt Rath schaffen, der an der
Quelle im Paradiese seine Weisheit geschöpft.

Das Mittel, das er anwendet, nennt er sehr bezeich=
nend eine Umstimmung des Organismus und eben so
bedeutungsvoll ist das Heilverfahren, das er bei diesem
Patienten einschlägt. Er tröstet nicht, er will die Ge=
danken der Königin nur weiter leiten. Er steuert mit
denselben auf das Ziel los, zu zeigen, wie in allem Trei=
ben der Menschen nur Naturnothwendigkeit waltet. Die
Sünde oder vielmehr der Irrthum, welchen Namen der
Doctor vorzieht, ist entweder Hautrelief oder Basrelief
der Natur des Menschen, entweder ein Ueberstrotzendes
oder ein Mangel. Er läßt sich nicht weiter darauf ein,
die bestimmte Sünde des Hoffräuleins zu charakterisi=

ren; es bleibt Sache des Lesers, zu entscheiden, ob ein Ehebruch mehr als Hautrelief oder Basrelief anzusehen, ist. Es kommt auch im Grunde nicht viel darauf an. Denn „Sie müssen wissen: Laster und Missethaten sind bei Licht betrachtet gar nicht wirklich, sie sind nichts als Mängel, sie können tausendfache traurige Folgen haben, aber sie bestehen nicht. Die Tugend allein ist eine Wirk= lichkeit. Stellen Sie sich hier herauf und es sind nur noch Schatten, die Sie quälen". Und solches wagt der Doctor dem Weibe zu sagen, dessen tiefstes Inneres durch den begangenen Ehebruch im eignen Hause bis zum Tode verwundet ist!

Mühsam klimmt die Königin diese Stufe der Betrach= tung und der Umstimmung des Organismus hinan. Auf dieser höhern Stufe erweitert sich der Blick der Königin. Jetzt kann sie schon über das Einzelne hinwegsehen, auch wenn das Einzelne ihr das Herz zerrissen, sie sieht das Ganze, denn, wie der Doctor sagt, „nur im Ganzen ist Versöhnung". Immer weiter noch schreitet die Umstim= mung des Organismus fort. Auf der Vorstufe steht noch, wer etwas verlangt. Die rechte Liebe zu den Din= gen der Welt und zu ihrem Urgrund, Gott, besteht nicht darin, wie die heilige Schrift sagt, daß uns Gott, zuerst geliebt und unsre Liebe wie eine heilige Gegengabe die= ser ersten Gottesliebe ist, sondern wie Auerbach lehrt, daß man keine Gegenliebe, nichts dafür verlangt. Und

immer höher noch hinan. Der Königin kommt es vor,
als ob da oben ewiger Friede sei, aber es weht ihr auch
so einsam und kalt entgegen, sie hat ein Gefühl der
Bangigkeit, wie wenn sie in einem Luftballon in die
dünne Atmosphäre hinaufgetragen und immer mehr
Ballast ausgeworfen würde. Es verschwindet dort oben
jeder Klang, jedes Bild. „Gewiß, Majestät, es gibt ein
Reich des Denkens, in dem Hören und Sehen vergehen
muß, da ist nur Denken und nichts andres mehr!"
Und auf diese Höhe wird denn nun die arme Königin von dem weisen Doctor hinaufgetrieben. Den Höhepunkt seiner Ansicht hat Günther in dem schauerlichen,
frevelhaften Satz erstiegen: „Weil Gott in dieser Welt
in allem, was darin erscheint, und nur in den Dingen, darum haben wir dies Göttliche in Allem zu befreien". Das ist nun freilich die völlige Umstimmung
des Organismus, da wird der Mensch nicht mehr von
Gott erlöset, nein, da ist der Mensch souverän und erlöset Gott, „das Göttliche in den Dingen, die sich nicht
in ihrer Göttlichkeit erkennen, die versunken und ver-
schüttet sind, unerlöst". Den Schluß bildet dann nur
noch der Elfentanz spielender Worte: „wer in der Unendlichkeit denkend steht, sieht als die Welt den großen
Blumenkelch, daraus der Gedanke Gottes duftet". Gott
somit nur, was der Duft der Rose ist, und wenn die
Rose verwelkt, wo bleibt der Duft? Denn dieser Blume

eine Ewigkeit einräumen, Uebergangszuſtände ihr ab=
ſprechen, in denen ſie dann nicht duftet, ſondern etwas
neues Samenkorn ausreift, das zu neuer Blüthe erſt
noch ſich zu entwickeln hat, möchte von dieſem Stand=
punkte aus ſchwer ſein zu beweiſen, ohne zu Lehrſätzen
aus einem Gebiete ſeine Zuflucht zu nehmen, zu dem
ſolche Weltanſicht alle Brücken abgebrochen.

Günther und Eberhard ſtehen auf gemeinſamem Bo=
den des Pantheismus. Den Einen hat dieſe Weltan=
ſchauung in der Einſamkeit feſtgehalten, den Andern
mitten im Getriebe der Welt und in glänzender Stel=
lung am Hofe gelaſſen. Aber ob auch weltflüchtig, ob
auch in ihrem bunten Leben ſtehend, beide Freunde ſind
ſich gleich in dem tiefen Egoism, der ſich ihrer Seele
bemächtigt. Grade in einer Anſchauung, in der ſich der
Einzelne als kleinſter Bruchtheil eines Ganzen faſſen
ſollte, das nur als Ganzes dem Gottesbegriffe Raum
gibt, ſtehen doch Beide innerlich fremd und fern der
Welt und den Menſchen gegenüber wie im Schauſpiel=
hauſe der Zuſchauer dem Spiele vor ihm unbetheiligt
zuſieht. Eberhard iſt ſchon müde geworden, das Spiel
zu betrachten; den Leibarzt feſſelt es noch eine Weile,
bis ihn die wandelnde Gunſt am Hofe gehen heißt.

Der Dichter hat es gefühlt, daß mit ſolchen Entwick=
lungen der ernſte Kampf nicht ausgekämpft wird; es iſt,
als ob er das empörte Gewiſſen geſehen, das den Fehde=

handschuh aufgehoben und drohend zur Rache heran=
schreitet. Die Schuld ſitzt tiefer und feſter, als daß ſie
auf den Machtſpruch, Alles ſei Naturnothwendigkeit,
ihren Platz räumen ſollte, die Sünde laſtet drückender,
als daß ſie ſich durch dialektiſche Sprüche bannen ließe;
keine Erlöſung wird dem zagenden Gewiſſen, nur der
Verſuch einer Auflöſung, kein Friede dem geängſteten
Geiſt, nur die Regungsloſigkeit eines Höhepunktes, auf
dem Einem Sehen und Hören vergeht. Auf dieſem
Standpunkt abſoluter Naturnothwendigkeit muß jeder
Verſuch der Umſtimmung des Organismus ſcheitern;
die Worte davon legen ſich wie eine Tarnkappe um
das Herz, aber das thut doch dahinter ſeine uralten
Schläge der Sehnſucht nach dem lebendigen Gott und
wirft zuletzt doch wieder die zauberhafte Nebelhülle ab
und ruft hinauf: „ich elender Menſch, wer wird
mich erlöſen von dem Leibe dieſes Todes?“
Auerbach verſucht dieſen Forderungen des Gewiſſens
von ſeinem Standpunkte aus doch noch gerecht zu wer=
den: er entwirft ein ergreifendes Gemälde einer Selbſt=
erlöſung nicht auf dem bequemen Wege einer durch
Dialektik hervorgerufenen Umſtimmung des Organis=
mus, ſondern durch qualvolles, ſchweres, ſelbſt aufge=
legtes Leid. Es iſt ein feiner pſychologiſcher Zug, daß
er ein Weib Trägerin dieſes Gedankens ſein läßt. Im
weiblichen Gemüth iſt der urſprüngliche Naturlaut des

— 33 —

Menschenherzens nicht so leicht unterdrückt, wie es bei der schärferen Verstandesthätigkeit des Mannes, der unerbittlicher sein ganzes Wesen den da errungenen Resultaten unterordnet, viel eher möglich ist. Mit großer Kunst, mit viel Aufwand hat der Dichter die befremdliche Sühne geschildert, die Alle tief ergriffen hat, welche es schon für etwas Großes halten, sich überhaupt um einer Sünde willen eine Strafe und ein Leid aufzuerlegen. Man muß willig einräumen, Auerbach macht in dieser Schilderung der heiligen Forderung des menschlichen Gewissens ein Zugeständniß, dessen er, streng genommen, von seinem Standpunkte aus nicht bedarf. Er will seine Ansicht versöhnen, mit dem unabweisbaren göttlichen Gebote, das durch die Stimme des Gewissens zu uns spricht, er thut es mit der Wärme eines Advokaten — ohne daß es ihm freilich gelänge zu erwärmen. Auch die glänzendsten Stellen wirken wie kaltes Nordlicht, das seine Strahlen über eine erstarrte Schneefläche hinwirft.

Das Tagebuch des einsamen Weltkindes entwirft uns das Bild dieser qualvollen Sühne. Alle Kunst der Sprache, alle Feinheit der Schilderung, so manchen tiefen und auch wahren Zug aus der Seelenkunde hat der Dichter in diese Blätter, die meisterhaft das Innere der Irma abspiegeln, gelegt und doch — wie trostlos starren sie Einen an, so unheimlich, so eiseskalt, als

3

sollte Einem der Athem ausgehen. Wohl ist es ein schö=
ner Zug, grade das Weib aufzurufen zur Sühne, aber
zugleich wie peinlich und schmerzensreich, sehen zu müs=
sen, wie grade nun ein weibliches Gemüth durch die
schauerliche Wüste und Trostlosigkeit solcher Ansicht hin=
durch getrieben wird. Irma ist so reich von dem Dichter
ausgestattet, so sehnsuchtsvoll nach Friede, nach Erlö=
sung; ihr offnes Auge hat sie die Verwüstung der Sünde
in manchen Augenblicken so tief sehen lassen. Was sind
es z. B. goldene Worte in dieser Beziehung, die sie an
Emmy schreibt: „wie kunstreich, wie ausgeklügelt ist
Alles zur Betäubung, zur Einschläferung, zum Gewis=
sensschlummer ... wenn nur nicht das Aufwachen
wäre!" Und diese Natur wird nun verurtheilt, verur=
theilt sich selbst dazu langsam und Blatt für Blatt ihre
Seele zu entblättern, so dahinzuwelken und im Tode
unterliegend wie im Rausche dies noch wie eine Erlö=
sung zu feiern. Es ist eine lang' fortgesetzte Quälerei
und das Ende ein Erliegen der Qual. Alle Schönheit
der Sprache, alle Feinheit einzelner Gedanken wirkt da=
bei, wie wenn man einer Leiche Schminke auflegt, um
ihr den Ausdruck des Lebens zu geben.

Die Schilderung der Sühne Irma's hat dem Dichter
eine peinliche Situation bereitet. Wiederholt muß man
sich fragen, warum verurtheilt er sie doch zu solch' einer
Qual? Denn wer über die Sünde urtheilt, wie das

Hoffräulein, für den bedarf es wahrlich keiner selbstauf=
erlegten Sühne. Die Stelle ist zu wichtig, als daß ich
mir versagen könnte, sie im Zusammenhange mitzu=
theilen.

Das einsame Weltkind schreibt: „Hier mein volles
Bekenntniß. Ich bin in Sünde verfallen, — nicht gegen
die Natur, nur gegen die Weltordnung. Ist das eine
Sünde? Da drüben steht der Wald von hochstämmigen
Fichten. Je höher der Wipfel steigt, um so mehr stirbt
das Gezweige unten ab, es erstickt. Der Baum im ge=
schlossenen Walde, in Schirm und Schutz der Gemein=
schaft, lebt sich nicht aus in all' seinen Auszweigungen.
Ich wollte mich ausleben und doch im Walde stehen, in
der Welt, in der Gemeinsamkeit. Wer sich ganz und
voll ausleben will, darf nur einsam sein. In der Ge=
meinsamkeit der Welt sind wir als Menschen sofort keine
Naturgeschöpfe mehr. Natur und Sitte sind gleich be=
rechtigt und müssen zum Friedensschluß miteinander
gebracht werden. Und wo zwei Gleichberechtigte sind,
kann kein Einzelnes sein volles Recht ausleben, es muß
Concessionen machen. Hier liegt meine Sünde. Wer
als Natur allein leben will, muß aus dem
Schutze der Sitte ausscheiden. Ich wollte das
Eine und das Andere nicht ganz. So bin ich
zerbrochen und zerstückt."

Mit solchen Redensarten wagt es der Dichter, die

3*

Sünde des Ehebruchs zu beschönigen! Die Rede streift an's Frivole an, wenn auf diese Weise ein empörtes Gewissen zur Ruhe gebracht werden soll. Es ist in der That unbegreiflich, bei solcher Motivirung noch das Gaukelspiel einer Sühne aufzuführen. Die Sünde wird umgestempelt zum Unterlassen einer Concession an die Menschensitte; da ist keine Rede mehr davon, daß jede Sünde ein Antasten der Heiligkeit Gottes ist; es ist nicht einmal mehr eine Rede von den „ewigen Gesetzen", um deren willen der fromme Heide Sophocles seine Antigone allen Menschengeboten Trotz bieten läßt. Wir sind auf eine viel tiefere Stufe hinabgesunken, als auf welcher der edle Grieche gestanden. Und wenn eine Ehebrecherin ihre ganze Schuld darin erkennt, daß sie sich als Natur in all' ihren Abzweigungen ausleben wollte, ohne aus dem Schutz der Sitte auszuscheiden, wie nun, wer den Muth hat, das Eine zu wählen und auf das Andere Verzicht zu leisten, weil er nicht Willens ist Concessionen zu machen, wer den Muth hat, frei und offen wie Schiller's Räuber aus dem Schutze der Menschensitte herauszutreten?

Als ob sie das Frevelhafte gefühlt hätte, fährt Irma fort: „mein Vater hatte Recht mit seiner letzten That. Er rächte das Sittengesetz, das ebensogut menschlich ist, wie das Naturgesetz ... Die Thierwelt kennt nicht Vater, nicht Mutter, sobald das Junge selbständig ist. Die

Menschenwelt kennt sie und muß sie heilig halten. Das
Alles ist mir nun klar. Ich leide und büße gerecht. Ich
war eine Diebin, ich stahl das Höchste. Vertrauen,
Liebe, Ehre, Ansehen, Glanz .. Ich bekenne meine
Sünde und büße ehrlich dafür. Daß ich heuchelte, daß
ich verleugnete und beschönigte, was ich als Naturrecht
wollte gelten lassen (man vergesse nicht, es handelt sich
immer um die That des Ehebruchs), das ist meine
todeswürdige Sünde und für sie büße ich. Gegen die
Königin habe ich die höchste Sünde begangen. Sie ist
für mich die Vertreterin der sittlichen Weltordnung, die
ich verletzte und doch genießen wollte. Dir, meine Kö=
nigin, dir, du Holde, Gute, Schwergekränkte, dir beichte
ich dies Alles". Auch dieser kleine Anlauf zu einer tie=
feren Erfassung ihres begangenen Frevels: wie hohl
und nichtig, wenn mit tieferem, sittlichem Ernst die Ver=
hältnisse näher betrachtet werden, und schwer fällt es,
den Unwillen zurück zu halten sehen zu müssen, wie mit
dem Heiligsten fast ein frevles Spiel getrieben wird.
Nicht das heilige Gebot Gottes angetastet zu haben, gilt
der Irma als todeswürdige Sünde, sondern nur, daß sie
die That beschönigte, nicht gegen den lebendigen Gott hat
sie gesündigt, nur gegen die Königin. Der Königin will
sie alles beichten, als ob die allwissend wäre und nun
wüßte, daß oben auf dem Freihof Irma dies Alles den
Blättern anvertraut. Warum geht sie nicht herunter

und beichtet ihr, der Holden, Guten, Schwergekränkten nicht Alles? Nun ja, sie büßt ja frei!

Auf solchem, man ist wohl berechtigt zu sagen, frevel=haftem, morschem Unterbau der Sünde und Schuld baut der Dichter seine Pagode der Sühne auf. Irma will nicht in's Kloster, sie will frei büßen. Aber wie wird doch bei dieser freien Buße, die sich nicht nur vom Kloster, noch viel mehr von dem reinen, heiligen Geiste des Christenthums emanzipirt hat, das wahrhaft Menschliche unterdrückt und vernichtet zur Bestätigung des alten, schönen Spruches: daß die Christensonne die reine Saat wahrer Humanität aufkeimen läßt; wo dieses Licht aber untergegangen, da gehe auch die Aussaat zu Grunde. Sehnsüchtig verlangend ruft Irma aus: „Ich dürste nach einer Quelle außer mir, die mich tränkt, erlöst, ich schmachte nach Musik, nach Glauben, nach einer befrei=enden Weihe: ich finde sie nicht. Ich muß die Quelle in mir finden!" — Die arme Seele, mit eiserner Hand im=mer wieder auf sich selbst zurückgeworfen! — und welche Quelle findet denn der Durstige in sich, wenn er die le=bendige Gottesquelle verlassen? — So wird ihr Suchen zu einer langsamen, martervollen Selbstvernichtung, ihr Gang bewegt sich zwischen wunderlichen Widersprüchen langsam dem Tod entgegen. Grausam wühlt Irma in ihrem tiefsten Innern und bietet ein Schauspiel, als ob sie ihre Seele aus sich herausreiße und lebend noch auf das Spannbrett ihres Pantheismus hefte, wie der Knabe den Schmetterling. Die Religion hat sie verlassen und erwartet von der Bildung Ersatz. Die Kunst soll den Menschen befreien und gerade der Bildung und der Kunst hat sie mit starrer Entschiedenheit den Rücken gewandt.

Arbeit, rauhe Arbeit — in ihr sucht sie den ersehnten Trost. Mit stolzem Selbstgefühl ruft sie aus: „seht her, meine Hände sind rauh von der Arbeit — ich habe sie nicht blos betend erworben." Nein, den Vorwurf wird wohl der Aermsten Niemand machen. Sie fragt: warum hat keine Religion vor allen anderen das Gebot, du sollst arbeiten? — Arbeiten und nur immer arbeiten: das ist die oberste Losung, die Forderung, die ihr noch wichtiger scheint als jenes erste Gebot: du sollst keine andern Götter haben neben mir. Arbeiten ohne Ruhe, ohne Rast, arbeiten ohne Sabbath, ohne stille, selige Feier in dem, der den Werktagen den Sonntag folgen heißt und den Tag geheiligt, daß die Seele in ihrem Gott ruhe. In dieser ununterbrochenen Arbeit wird die mitleidige Fee gesucht, die das Auge abhält, an die Stellen der Seele zu blicken, wohin kein Grubenlicht kommt, weil sie alle da verlöschen, weil da die wilden Wetter hausen, wo nur der Sonnenstrahl der Liebe Gottes hindringt, den auch alle wilden Wetter nicht auslöschen können.

Von dieser fieberhaften Wuth des Arbeitens ist Irma

wie berauscht. Das unterbricht alle ihre Gedanken, das
ist die Zauberformel, die sie auf der Höhe festhält. Fast
frohlockend ruft sie aus: „mein letzter Stolz ist, ich büße
frei. Mein Wille hält mich so fest, wie die Riegel eines
Klosters und ich — ich arbeite ... Wie die Sonne auf=
und untergeht, wie die Gräser wachsen, die Kühe wei=
den, so befiehlt dem Menschen der Geist des Lebens:
„arbeite und denke."

So geht es wie ein Alpdruck durch diese Tagebuch=
blätter des einsamen Weltkindes hin. In einem Briefe
aus früherer Zeit hatte Irma einmal von einem Nacht=
falter erzählt, der in der Lampe auf dem Tisch sich ver=
brannt. „Der Nachtfalter wollte nicht sterben, er hielt
das Licht wohl nur für einen glühenden Blumenkelch
und versank darin. Schöner Tod, in der Sommernacht,
unter Gesang, im Licht des Feuerkelchs." Den Tod
stirbt Irma. Für einen glühenden, duftenden Blumen=
kelch — ist es doch auch das Bild, in welches der Dich=
ter seine Weltanschauung kleidet — hält sie das
flackernde Lampenlicht eines trostlosen Pantheismus. In
seine berauschende Gluth schaut sie hinein, tiefer und
tiefer und mehr und immer mehr wird es ihr ange=
than, daß sie wie gefeit dasteht und den Blick nicht mehr
abwenden kann. Auf den letzten Blättern des Tage=
buchs hören wir schon das Summen des Nachtfalters
ganz nahe der Lampe. „Ich habe das Centrum meiner

Seele gefunden. Was auch geschehen ist, es ist gesühnt. Es giebt eine Erneuerung des Lebens, eine Erlösung aus uns heraus. Sie ist mir geworden, ich fühle es, ich bin frei, ich kann zurückkehren in die Welt. In die Welt? Was ist denn die Welt? Ich habe die Welt hier bei mir, in mir und ich bin in der Welt und die Welt ist in mir. Ich bin." Einige Zeilen nur weiter heißt es dann: „alles ist in mir, so schön, so durchsonnt, ich bin, ich bin in Gott. Wenn ich nur jetzt sterben dürfte, in diesem wonnigen Schweben, in dieser Erlösung und Auf=lösung ... ich bin gestorben und ich lebe; ich werde sterben und ich werde leben. Alles ist verziehen und aus=gelöscht. Es war Staub auf meinen Flügeln, ich schwirre hinauf zur Sonne, in's All, in die Unendlichkeit. Sin=gend werde ich sterben, singend und die Seele so voll!"

Armer, trauriger Nachtfalter du! Hast das Menschen=licht für die Sonne gehalten, wolltest mit deinen Flü=geln zu ihr hinaufschwirren und nun hängst du an der trüben, klebrigen Oellampe, deine Flügel versengt, ihre Farbe dahin und du — du bist todt, man wirft dich weg vom Tisch'.

Genug! ruft Auerbach am Schlusse jener oben ange=gebenen Stelle aus, und freilich ist es genug, auch genug dem fast freulen Spiele zuzusehen, mit dem der Dichter in seinen Worten dicht an die heilige Rede des Sohnes Gottes anstreift und so seine, des lebendigen Gottes

lebige Ansicht in das milde, fromme Licht stellt, das den
Worten des Herrn entströmt. Und diese Weltanschauung
steht „auf der Höhe", von ihr sieht man mitleidig herab
auf das tief unten stehende Kreuz! Gegen den gekreu=
zigten Christum sollen wir solch' eine Erlösung ein=
tauschen! Das lebendige Wasser, was uns der HErr
bietet, ist für diesen Geschmack auf der Höhe zu gemein,
statt dessen wird uns solch' ein Taumelwein gereicht.
Wie hat doch in heiligem Ernste der Prophet von diesem
Weine so wahr gesprochen: so höre dies, du Elende
und Trunkene ohne Wein, so spricht dein
Herrscher, der Herr und dein Gott, der sein
Volk rächet: siehe ich nehme den Taumelkelch
von deiner Hand, sammt den Hefen des Kel=
ches meines Grimmes, du sollst ihn nicht
mehr trinken. Sondern ich will ihn deinen
Schindern in die Hand geben, die zu deiner
Seele sprechen: Bücke dich, daß wir überhin
gehen und lege deinen Rücken zur Erde und
wie eine Gasse, daß man überhin laufe.*)

---

*) Auerbach ahnte wohl nicht, wie seine Ansicht fast
wörtlich übereinstimmt mit dem, was Jesaias von den
Quälern und Peinigern des Volkes aussagt. Der Leib=
arzt erklärt einmal der Königin: „unser Leben ist nichts
als harte Nothwendigkeit. Duck' unter! heißt es — laß
es auf dich hereinhageln und stehe fest".

Sie meinen vielleicht, geehrte Anwesende, daß ein zu
strenger Maaßstab an ein Buch gelegt wurde, das der
Unterhaltung dienen soll, das Ihnen mit seiner schönen
Sprache, mit seiner fesselnden Schilderung von Land
und Leuten, mit seinem spannenden Inhalt auch reich=
liche Unterhaltung geboten hat. O wüßten Sie, wie Sie
dem Dichter wehe thun, wenn Sie langsam gereifte
Früchte schwerer, Gedankenernster Arbeit nur eben zum
Amusement genießen wollen und was diesem nächsten
Zweck nicht dienet, das überschlagen Sie mit flüchtigem,
zerstreutem Blicke. Was in der Regel überschlagen wird,
das sind gerade die Stellen, die im Ringen nach der
Wahrheit der Dichter mit seinem Herzblut geschrieben
und deßhalb in Herz und Seele einprägen möchte, das
ist sein Bestes, was er hat und er bietet es zur ernsten
Prüfung, und gelingt es ihm zu überzeugen, zur Le=
bensgabe dar.

Ich habe es versucht, in ernster Prüfung den Gedan=
ken, den ich glaubte als den Mittelpunkt des Buches er=
kennen zu müssen, Ihnen auszulegen. Willig ist da ein=
zuräumen, einmal, daß der Dichter kühn und tief nicht
eine auf der Oberfläche ruhende Lebensfrage zum Vor=
wurf seines Romans genommen, sondern, ich möchte sa=
gen, das Herz der Menschengeschichte selber und dann,
daß er in gewandter, geistvoller und auch begeisterter
Weise von seinem pantheistischen Standpunkt aus, die=

sen Gedanken zu entwickeln versuchte. Aber der Herz=
punkt des Menschen ist der Herzpunkt des Christen=
thums: es handelt sich in der Erzählung darum, inner=
halb der dem Künstler in einem Roman gewiesenen
Schranke zu zeigen, wie die Erlösung von Sünde und
Elend ohne jegliche Dazwischenkunft des Sohnes Gottes
sich verwirklichen könne.

Diese Aufgabe und der Versuch ihrer Lösung weist
dem evangelischen Geistlichen den einzigen Weg an, den
er bei einer Beleuchtung des Romans einzuschlagen hat.
Unbillig ist die Erwartung, daß er seine religiöse An=
sicht vergessen und den rein ästhetischen Standpunkt der
Betrachtung einnehmen, sich auf den Boden der Welt=
anschauung des Dichters begeben und von dem aus zei=
gen werde, ob und inwieweit die einzelnen Gestalten
richtig gezeichnete Träger dieser Weltanschauung seien.
Sich dazu nicht hergeben, ist für den Geistlichen noch
kein unkritisches Verfahren. Unbillig ist auch die andre
Forderung, aus dem Rahmen der Erzählung heraus
treten und den Vortrag zu einer Kritik des Pantheis=
mus von Spinoza überhaupt zu erweitern. Denn das
läge jenseits der gestellten Aufgabe, die nur die von
Auerbach in dem Roman aufgestellten Ansichten be=
leuchten will. Zu einer streng wissenschaftlichen Darstel=
lung des Spinozismus fordert weder der Roman auf,
noch kann das Thema des Vortrags eine solche erwar=

ten lassen*). Der Roman ist ein bedeutungsvolles
Zeichen der Zeit; wir haben dies Zeichen der Zeit der
Aufforderung des Herrn gemäß geprüfet. Es mag bei
der Prüfung auch manch' hartes Wort gesprochen wor=
den sein; will man es verargen, wenn es gilt, einen
Protest einzulegen gegen eine Ansicht, die die heiligsten
Lebensgüter des Christenthums, ja dieses selbst in sei=
nem innersten Wesen antastet? Wir haben uns bemüht,
was uns lobenswerth an dem Roman scheint, uneinge=
schränkt hervorzuheben; das Recht muß uns bleiben, zei=
gen zu dürfen, wie Auerbach mit seinem Pantheismus
völlig unfähig ist, die heilig=ernste Lebensfrage zu lösen.
Es treten uns auch da die beiden alt bekannten, unver=
mittelt neben einander herlaufenden Ansichten entgegen.
Entweder löst sich dieser Weltanschauung Sünde und
Erlösung auf in ein dialectisches Spiel, bei welchem die
Erlösung der Sünde neckend zuruft, daß sie gar nicht
wirklich sei, nur ein Schatten und deßhalb unvermö=
gend, den Frieden zu stören, oder, wer solch' leidigen
Spieles müde ist, wem sich sein Organismus dabei
nicht umstimmt, der fällt einer Askese als Beute in die

---

*) Ich glaubte diese beiden Gedanken bei dem Drucke
des Vortrags dem Manuskripte im Hinblick auf eine,
in der Petersburger Zeitung gemachte Anmerkung ein=
flechten zu dürfen.

Arme, die wir drüben in der Heimath des Buddhismus
in üppiger Blüthe antreffen. Dort hat man vollen Ernst
mit dieser Seite der Ausgestaltung gemacht, dort hat
man auch die Askese bis zu dem Punkt durchgeführt,
regungslose das Auge hinabgleiten zu lassen bis zu dem
erreichten Ziel der schönsten Erkenntniß und Sittlichkeit,
bis hinein in den dunklen Abgrund des Nirvana, d. i.
des reinen Nichtseins. Wessen Auge dies geschaut, der
weiß dann, daß „alles Leben Sterben ist, alles Wachsen
ein Verfaulen. Abwärts strömen des Daseins Wellen,
jede folgende Periode des Weltenlebens trägt kennt-
licher die Züge des Todes und immer hastiger eilt es
der Vernichtung zu".

Bis zu diesem letzten Ausgangspunkt des Pantheismus läßt Auerbach nun freilich das Auge nicht gleiten;
er legt einen Schleier über jenes Todtengefilde. Er
weiß, daß jenes letzte Ziel des reinen Nichts auf unser
modernes oder, will man lieber sagen, europäisches Auge
wirken würde, wie der Blick in den ausgebrannten Kra-
terkessel, von dem der Dichter (Lingg) so wahr und
schön singt:

Welch' ungeheures Todtenreich!
Und außer mir kein Leben . . ,
. . . Ich sah in dieser dunklen Kraft,

Die ewig gährt und nimmer
Trotz aller Gluthen Segen schafft,
Das Abbild eines Strebens
Das groß ist, doch vergebens,
Das schön ist, doch nur Schimmer.